L'Amour Africain

L'AMOUR AFRICAIN

OPÉRA-COMIQUE

Représenté, pour la première fois, à Paris, sur le théâtre de l'Opéra-Comique, le 8 mai 1875.

CHATILLON-SUR-SEINE. — IMP. K. CORNILLAC

L'AMOUR
AFRICAIN

OPÉRA-COMIQUE EN DEUX ACTES

PAR

ERNEST LEGOUVÉ

MUSIQUE DE

E. PALADILHE

PARIS
MICHEL LÉVY FRÈRES, ÉDITEURS
RUE AUBER, 3, PLACE DE L'OPÉRA

LIBRAIRIE NOUVELLE
BOULEVARD DES ITALIENS, 15, AU COIN DE LA RUE DE GRAMMONT

1875

Droits de reproduction, de traduction et de représentation réservés

PERSONNAGES

LE COMTE DE BEAULIEU (Mustapha), 2ᵉ acte.....	MM. Ismael.
PAUL DELATOUR, compositeur (Nouman), 2ᵉ acte...	Nicot.
RAYMOND DUVAL, peintre (Zeïn), 2ᵉ acte.........	Melchissedec.
UN DOMESTIQUE.........................	
LA COMTESSE, femme du comte de Beaulieu.......	Mᵐᵉˢ Ducasse.
MARGARITA, femme de Raymond (Mojana), 2ᵉ acte...	Dalti.

Chœur de Paysans et d'Invités.

L'AMOUR AFRICAIN

ACTE PREMIER

Une villa aux environs de Cannes. Terrasse couverte d'orangers, de mimosas, et située au milieu d'une colline qui s'étage derrière elle. Le bord de la terrasse est presque au ras d'un des sentiers de la colline.

SCÈNE PREMIÈRE

LE COMTE, LA COMTESSE, assise et écrivant.

LE COMTE.

Enfin! c'est aujourd'hui que nous inaugurons notre chère villa du Golfe Juan! Qui as-tu invité?

LA COMTESSE.

Tous nos amis de Cannes, d'Antibes et même de Nice.

LE COMTE.

Eh! qu'allons-nous leur donner?

LA COMTESSE.

Ah! rapporte-t-en à moi! Un souper *di primo cartello*, comme disent les Italiens!

LE COMTE.

Oui! mais avant?

LA COMTESSE.

Rafraîchissements variés!... glaces!... sorbets...

LE COMTE.

Mais...

LA COMTESSE, se levant.

Mais rassure-toi donc... J'ai été moi-même à Nice

pour tout commander... J'ai pris les fruits confits chez Musso... les glaces chez Escoffier... les sandwichs chez...

LE COMTE.

Mais alors... ma chère, ce n'est pas moi qui donne une soirée !... C'est ton confiseur, ton restaurateur, ton glacier...

LA COMTESSE.

Mais...

LE COMTE.

Mais à quoi sert-il de s'appeler le comte de Beaulieu, d'avoir bâti la plus pittoresque villa des environs de Cannes, pour inaugurer cette villa... avec quoi ?... Avec une brioche et un pâté de foie gras !... C'est humiliant !

LA COMTESSE, gaîment.

Humiliant ! humiliant ! avec cela que tu n'es pas gourmand ! Du reste, tu sais, chacun notre part dans la maison. Toi, les beaux-arts, la musique... moi, le ménage, la table. Ne m'as-tu pas surnommée la comtesse...

LE COMTE.

Tu es la plus gentille comtesse du monde, mais voyons, aide-moi ; qu'est-ce que nous leur ferons faire ?

LA COMTESSE.

D'abord le jardin sera illuminé à giorno, et les jeunes filles, les jeunes garçons viennent danser les danses du pays.

LE COMTE.

Ce n'est pas mal !... mais je voudrais quelque chose de plus piquant, de plus neuf.

LA COMTESSE, gaîment.

Eh bien ! c'est justement ton affaire... puisque tu prétends que tu es né impressario.

LE COMTE.

C'est vrai !... Impressario comme le comte de Beaulieu peut l'être. Impressario... non pour gagner de l'argent, mais pour en dépenser. Impressario par enthousiasme... par amour de l'art...

LA COMTESSE, riant.

Bon ! le voilà parti !...

ACTE PREMIER

DUO.

LE COMTE.

Je ne rêve que belle fête,
Concerts, spectacles inconnus !

LA COMTESSE.

Moi, plus modeste et plus discrète,
Je ne rêve que de menus.

LE COMTE.

Des jouissances les plus hautes,
D'un plaisir pur, aérien,
Je veux, moi, transporter mes hôtes !

LA COMTESSE.

Je veux que les miens mangent bien.

LE COMTE.

Pour posséder quelques grands maîtres,
Rien ne coûte à ma noble ardeur !

LA COMTESSE.

Combien j'ai fait de kilomètres,
Pour trouver un bon fournisseur !

LE COMTE.

Je fais, lorsque je suis en verve,
Jouer Rachel avec Talma !

LA COMTESSE.

Je guette certaine conserve
Qu'on fait à l'isthme Panama.

ENSEMBLE.

Oh ! la douce vie,
Prose et poésie,
Oh ! comme à nous deux
Nous sommes heureux !

LE COMTE.

Oui, j'aime l'art avec ivresse,
Je m'écrie en mon noble feu :
L'amour de l'art est ma noblesse,
Le dieu des beaux-arts est mon dieu !

LA COMTESSE.

A tous nos titres de noblesse
J'en ajoute un... le cordon bleu,

Et je m'appelle la comtesse,
La comtesse du pot-au-feu.

LA COMTESSE.

Ah! tu as invité notre voisin, j'espère?

LE COMTE.

Je crois bien! Il sera l'étoile de notre soirée. (Écoutant.) Un son de guitare!.. D'où peut-il venir?

LA COMTESSE, s'approchant du bord de la terrasse.

Tiens! regarde! vois-tu! là tout près!

La musique continue pendant la scène.

LE COMTE.

Où donc?

LA COMTESSE.

Là, à droite! dans ce pli de vallon! ces deux jeunes gens assis près d'une jeune femme!

LE COMTE.

Ah! oui, je les vois! (La guitare continue à jouer.) Le jeune homme qui joue de la guitare est très-bien!

LA COMTESSE.

Et la femme assise près de lui très-jolie, ce me semble!

LE COMTE.

Ce sont des artistes! la pittoresque élégance de leur costume, leur attitude...

LA COMTESSE.

Mais la femme?

LE COMTE.

C'est la maîtresse de l'un des deux, mais duquel?...

LA COMTESSE.

D'aucun des deux!

LE COMTE.

Qu'en sais-tu?

LA COMTESSE.

Elle a dans le visage quelque chose de noble... et dans la toilette quelque chose d'honnête... Il y a du légitime là-dedans!

LE COMTE, riant.

Toujours le romanesque du ménage!

LA COMTESSE.

Ah! les voilà qui se lèvent.

La musique cesse.

LE COMTE.

Le plus jeune remet sa guitare en bandoulière!

LA COMTESSE.

L'autre met sa boîte à couleur sur son dos!

LE COMTE.

La jeune femme a repris son petit sac de voyage!... Tiens!... ils ont l'air de se diriger de ce côté!

LA COMTESSE.

Les voilà qui prennent le petit sentier qui borde la terrasse... le plus jeune nous aperçoit et...

PAUL, *émergeant de la tête sur le bord de la terrasse.*

Pardon, monsieur, oserai-je...

LE COMTE.

Osez, monsieur! osez!

PAUL.

Oserai-je vous demander si nous avons une longue route d'ici à Cannes?

LE COMTE.

Environ une heure de marche!

RAYMOND, *paraissant près de Paul.*

Pardon, monsieur... oserai-je vous demander le chemin le plus court?

LE COMTE.

Le plus court! c'est de traverser cette villa!

MARGARITA, *apparaissant à son tour.*

Mais, monsieur, c'est que nous craindrions...

LA COMTESSE.

Quoi donc, madame?... De nous faire plaisir!

TOUS LES TROIS.

Mais... madame!

LE COMTE.

Descendez ce petit sentier, à trois pas d'ici... vous trouverez une porte...

TOUS TROIS.

Oh! monsieur!...

LE COMTE.

Je vais vous ouvrir!

TOUS TROIS.

Monsieur!...

Les trois têtes disparaissent. Le comte va leur ouvrir.

LA COMTESSE.

Ils sont charmants!

LE COMTE, dans la coulisse.

Par ici! par ici! Venez, madame...

SCÈNE II

Les Mêmes, PAUL, RAYMOND, MARGARITA.

TOUS TROIS.

Monsieur, nous sommes confus...

LA COMTESSE, vivement.

Vous allez vous rafraîchir!... J'ai un sirop de grenade...

LE COMTE.

Oh! madame la comtesse a une spécialité pour le sirop de grenade!... Il me semble qu'il sera le bienvenu! Vous venez peut-être de loin?...

PAUL.

De Rome!

LE COMTE, riant.

A pied?

MARGARITA.

Pas tout à fait!... mais presque!... en voiturin! nous sommes partis il y a un mois!

LE COMTE.

Vous vous êtes donc arrêtés bien souvent?

MARGARITA.

Toutes les fois que nous avons trouvé quelque chose d'intéressant, comme hier, pour recueillir une chanson populaire du val d'Arno.

RAYMOND.

Comme ce matin, en apercevant ces belles montagnes : nous sommes descendus et nous avons dit à notre voiturin d'aller nous attendre à la chapelle Saint-Eloi.

LA COMTESSE.

La chapelle Saint-Eloi ! mais c'est à dix minutes d'ici... au bas de notre villa !

LE COMTE.

Nous allons faire dire à votre voiturin de venir vous chercher ici !...

LA COMTESSE.

Au moins, nous vous garderons quelques instants de plus !

LE COMTE, à Margarita.

Et peut=être voudrez-vous bien nous dire ce chant du val d'Arno ?

MARGARITA.

Mais...

LE COMTE.

C'est bien indiscret à moi... mais vous voyez devant vous le dilettante le plus passionné !...

LA COMTESSE.

Oh ! cela ! c'est bien vrai !

LE COMTE, à Margarita.

Eh bien ?

MARGARITA.

Très-volontiers !

LA COMTESSE.

Permettez-moi seulement de donner un ordre.

Elle sort un moment pendant la ritournelle de l'air et rentre presque aussitôt.

Air : *La Fiorentina*

I

La Fiorentina la più Carina,
   La piu vezzoza e bella,
     E la mia Nina.
    E'l mio tesoro ;
     Jo l'amo, l'adoro.
Ita per venire, etio l'aspetto quà
     Adogn' istante.
    D'amor tremante,

Mi par chio la veggia apparir,
E lungo l'Arno
Passeggio indarno,
Fien di tristezza e di desir.
Ah! vien, o cara mia diletta,
Mie pene a consolar !
Non più tardar
Il tuo fedel t'aspetta,
Non più tardar
Vien mia diletta,
Mie pene a consolar,
E dar il ciel al enorchè
Pien di te.

Entre le premier et le second couplet, le domestique paraît avec un plateau chargé de gâteaux, etc.

LE COMTE, vivement.

Allez-vous-en ! Tout à l'heure ! Quand je vous appellerai !

II

Piango, sospiro,
Per te, io deliro,
Vieni a dar tregal mio crudel martiro ;
Del paradiso
Il dolce tuo sorriso
Tutte le gioie insième mi dara ;
Al tuo cospetto,
Pien di diletto,
Mi sentiro balzar il cor.
Ah ! vuoi tu ch'io mora !
Deh ! vieni a ora
O me vedrai morir d'amor !
Ah ! vien o cara mia diletta
Mie pene a consolar !
Non più tardar
Il tuo fedel t'aspetta,
Non più tardar,
Vien, mia diletta,
Mie pene a consolar,
Et dar il ciel al enorchè
Pien di te.

Après le second couplet, rentre le domestique portant un plateau chargé de brioches, de galettes, de sandwichs ; la comtesse installe tout sur la table.

RAYMOND, qui a regardé tout autour de lui, avec un cri de surprise.

Oh ! l'admirable point de vue ! Quel joli motif de croquis !

ACTE PREMIER

LE COMTE.

Il vous plaît ! Eh bien, prenez-en le dessin, pendant que ma femme va vous servir.

RAYMOND.

Oh ! ma foi ! c'est trop beau ! J'accepte !

<small>Il s'installe à droite pour dessiner.</small>

LA COMTESSE, <small>lui offrant des gâteaux.</small>

Avant de vous mettre à l'ouvrage...

RAYMOND, <small>à Paul.</small>

Mais vois donc, ce premier plan si vigoureux, et ces lointains si fins... si doux !

LA COMTESSE, <small>à Paul.</small>

Prenez ce massepain ! il est de ma façon !

PAUL.

Madame !... (<small>Tout en mangeant le massepain.</small>) C'est délicieux !... Le paysage et le massepain !...

MARGARITA, <small>qui est près de la terrasse.</small>

Sans compter ce parfum de géranium et de jasmin qui vous arrive mêlé à la brise de mer.

LA COMTESSE, <small>à Margarita qui descend.</small>

Ce sandwich aux foies gras !...

LE COMTE.

Oh ! ma femme !... appartient à l'école médicale actuelle ! elle est pour nourrir !

<small>On entend un chœur dans la coulisse.</small>

PAUL.

Quoi ! de la musique aussi ! Qu'est-ce que cela ?

LE COMTE.

Ce sont les garçons et les filles de Vallauris qui retournent chez eux en chantant l'air de la danse des olivettes.

PAUL, <small>riant.</small>

Des olivettes !

LA COMTESSE.

Une danse fort ancienne qu'on danse encore pendant la cueillette des olives.

<small>Margarita et la comtesse s'asseoient à gauche près de la table. Paul au fond ; Raymond dessinant à droite. Le comte va de l'un à l'autre, puis au chœur.</small>

PAUL, écoutant.

C'est charmant! plein de caractère! Je voudrais bien noter cet air-là!

LE COMTE, prenant du papier à musique sur le piano.

Voulez-vous du papier à musique?

PAUL.

Très-volontiers!

Paul s'installe pour écrire.

CHŒUR dans la coulisse.

Amis, au son des musettes
    Et du tambourin,
Chantons l'air des olivettes,
    Et son gai refrain.
Ici tout chante et tout danse!
    Sur son sable d'or,
La mer se brise en cadence,
    Murmure et s'endort.
La brune et vive cigale,
    Glissant sur le sol
Mêle au bruit de sa cymbale
    Le bruit de son vol.
Les oiseaux, dans la bruyère,
    Au soleil couchant,
Vers Dieu comme une prière,
    Jettent leur doux chant.

MARGARITA, après le chœur, elle se lève.

Eh bien! madame la comtesse, maintenant que nous voilà nourris moralement et physiquement et de plus installés chez vous comme chez nous, il me semble qu'il est temps de vous dire qui nous sommes...

LE COMTE.

Des gens charmants!

MARGARITA, présentant Raymond.

Monsieur Raymond Duval, mon mari...

LA COMTESSE, au comte.

Vois-tu!

MARGARITA.

Qui a obtenu le grand prix de peinture en 1865...

ACTE PREMIER

PAUL, *descendant à gauche.*

Avec un Priam d'une majesté...

MARGARITA, *présentant Paul.*

Monsieur Paul Delatour, qui a remporté le premier prix de musique... même année...

RAYMOND, *se levant.*

Avec une cantate sur Sardanapale d'un brio...

MARGARITA.

Et pendant cinq ans, ils ont vécu comme deux frères !

PAUL.

Oui ! c'est le mot ! J'aime Raymond comme un frère et comme un baryton... car tel que vous le voyez, il a une voix charmante !... Il me chante toutes mes mélodies !

RAYMOND.

Et moi, j'aime Paul comme un frère... et comme un modèle !... Tel que vous le voyez, il me pose tous mes Roméo... J'embellis un peu....

PAUL.

Pas trop ! pas trop !...

LE COMTE.

A moi de me présenter, maintenant !... (Saluant.) Le comte de Beaulieu ! Je suis arrivé à Cannes par hasard... Le lieu nous a séduits... et j'y ai planté notre tente... Mais voici le piquant : c'est que sans le savoir et sans le vouloir, je suis descendu de spéculatif... spéculateur! mon goût pour le paysage s'est trouvé un admirable placement ! Et je vends chaque année pour vingt mille francs de fleurs de jasmin, de fleurs d'oranger, de violettes de Parme.

I

Conduit dans ce riant séjour
Par le hasard des destinées,
J'y suis venu pour un seul jour,
Et j'y suis resté dix années,
M'enivrant, loin des importuns,
Des fleurs de ces rives vermeilles,
Je vis ainsi que les abeilles,
D'air, de lumière et de parfums.

MARGARITA.

Joli état!... un fleuriste millionnaire, une abeille qui butine à intérêts.

LE COMTE.

II

De ces blondes filles du ciel
Mes mœurs sont un peu différentes,
Des fleurs elles tirent le miel,
Quant à moi j'en tire des rentes.
A cela près, travaux communs
Sur ces belles rives vermeilles,
Et je vis comme les abeilles,
D'air, de lumière et de parfums.

A Margarita.

Et vous, madame, n'avez-vous rien à nous dire?

MARGARITA.

Moi!... oh! mon Dieu!... monsieur le comte, moi, dans leur vie à tous deux, j'ai une spécialité, c'est l'espérance! J'étais née pour être femme d'un peintre et sœur d'un musicien. Quand l'un d'eux est triste, je suis toujours prête à lui rendre courage, et il est bien rare que je ne réussisse pas.

LA COMTESSE, passant près d'elle.

Y a-t-il longtemps que vous êtes mariée?

MARGARITA.

Deux mois!

RAYMOND.

Mais nous avons été fiancés deux ans!

LA COMTESEE.

Deux ans! C'est bien long!

MARGARITA.

Oui! il a fallu de la patience! Mais la patience est encore ma spécialité.

LA COMTESSE.

Vous êtes Romaine?

MARGARITA.

Oui, madame; mon père est un antiquaire; tout le monde est antiquaire dans notre pays. Nous habitions sur le Palatin une petite maison dans un beau jardin au milieu des ruines. Raymond vint un jour y faire une aquarelle. Le lendemain, il revint encore! Le surlendemain, il se sentit saisi d'un goût si vif pour l'archéologie, qu'il ne pouvait se passer des conseils de mon père; et comme j'étais le secrétaire de mon père, j'assistais souvent aux leçons!... Toujours monsieur Paul accompagnait son ami...

PAUL.

J'apportais de la musique!... ce qu'on n'ose pas se dire, on se le chante!... et un jour, j'arrivai de Subiaco avec un petit duo d'un tendre... d'un câlin... qu'ils chantèrent si bien...

MARGARITA, riant.

Si bien... qu'après l'avoir entendu, mon père nous dit : Mon Dieu! mes enfants, je ne demande pas mieux! Mais vous savez que les élèves de l'école de Rome ne peuvent pas se marier! et Raymond en a encore pour deux ans!... Eh bien, mon père, nous attendrons deux ans!

RAYMOND se levant et s'approchant de sa femme.

Et voilà comment nous avons vécu les deux ans les plus courts... et les plus longs de ma vie!... à aimer, à admirer, à chanter, et à attendre!

PAUL.

Comment ils se sont mariés... il y a deux mois...

MARGARITA.

Et comment nous avons quitté Rome, il y a trois semaines!

LA COMTESSE.

En voiturin.

PAUL.

Précisément.

QUINTETTE.

MARGARITA, PAUL, RAYMOND.

Ravissant voyage,
Où chaque rivage
Se grave au fond de notre cœur,
Nous te respirons brise à brise,
Terre de Naple et de Venise,
Et nous t'aspirons fleur à fleur!

LE COMTE, LA COMTESSE.

Terre de Naple et de Venise,
Nous te respirons brise à brise,
Et nous t'aspirons fleur à fleur.

RAYMOND.

Passe une noce de village,
Avec eux nous dansons.

PAUL.

Passent pèlerins en voyage,

MARGARITA.

Avec eux nous prions.

RAYMOND.

Des brigands nous prennent,
En prison nous traînent,

MARGARITA.

Comme nous tremblons !

PAUL, MARGARITA, RAYMOND.

De peur nous mourons !

MARGARITA.

Mais, ô chance unique !
Le capitaine adorait la musique,
Avec lui nous chantons !

LE COMTE.

Dieu ! comme ils ont dû s'amuser !

LA COMTESSE.

Oh ! comme ils ont dû mal dîner !

REPRISE DE L'ENSEMBLE.

MARGARITA, PAUL, RAYMOND.

Ravissant voyage,
Où chaque rivage
Se grave au fond de notre cœur.

TOUS.

Terre de Naple et de Venise,
Nous te respirons brise à brise,
Et nous t'aspirons fleur à fleur.

MARGARITA.

Et c'est ainsi que de rive en rive, et d'enchantement en enchantement, nous sommes venus aborder chez vous, madame, sur cette plage que nous bénissons deux fois... car c'est encore l'Italie et c'est déjà la France!

SCÈNE III

Les Mêmes, Le Domestique.

LE DOMESTIQUE.

La voiture de ces messieurs est en bas !

RAYMOND.

Juste! mon aquarelle qui est finie !

LE COMTE, la regardant.

Ah! délicieuse !

RAYMOND.

Vrai! elle vous plaît ! Eh bien, permettez-moi de vous l'offrir !

LE COMTE.

Je ne le veux pas! cette aquarelle a un véritable prix.

RAYMOND.

Tant mieux ! Allons! En route !

LE COMTE.

Qui vous presse tant?

MARGARITA.

Les intérêts de monsieur Paul.

LA COMTESSE.

Comment ?

MARGARITA.

Voici! mon mari retourne à Paris avec un chef-d'œuvre... il envoie son tableau au jury, il est reçu avec acclamation!... Tous les journaux en parlent, et dans un mois, il sera célèbre.

RAYMOND, riant.

Va! va!

MARGARITA.

Mais un pauvre compositeur dépend de tout le monde! Il lui faut un poëte, un directeur, des chanteurs.

LE COMTE.

Puisque monsieur Paul est un prix de Rome, tous les poëtes vont lui apporter un livret, tous les éditeurs vont se disputer sa partition, tous les directeurs voudront la représenter.

RAYMOND.

Ah! si vous connaissiez ce que nous chantions tous les soirs à la villa Médicis ; la complainte du prix de Rome.

LE COMTE.

La complainte du prix de Rome! Je la connais; je la chante même.

PAUL.

Comment.

LE COMTE.

Un voyageur nous l'a apportée, c'est bien celle-ci :

    Oyez les tristes contre-temps
    D'un mélancolique jeune homme,
    D'un jeune homme de soixante ans
    Que l'on appelle un prix de Rome !

MARGARITA.

C'est cela même.

RAYMOND.

La musique est de Paul.

MARGARITA.

Ah! monsieur le comte, puisque vous la savez, que le pauvre garçon ait le plaisir de s'entendre chanter sur la terre française...

LE COMTE.

Très-volontiers.

PAUL.

Et moi, je vous accompagne!

MARGARITA.

Voyons!

LA COMTESSE.

Oh! comme il va être content!

<small>Les deux femmes s'asseoient à gauche, Paul prend la guitare, Raymond est près de lui.</small>

ACTE PREMIER

LE COMTE.

COMPLAINTE.

Oyez les tristes contre-temps
D'un mélancolique jeune homme,
D'un jeune homme de soixante ans
Que l'on appelle un prix de Rome !

Dans ma jeunesse j'ai produit
Un fruit merveilleux, magnifique,
Mais, hélas ! il eut, ce beau fruit,
Un grand défaut !... il fut unique !

On ne le comparait jamais
Qu'à la pomme des Hespérides !
C'est toujours une pomme... mais
Vieille pomme, pleine de rides.

Quel est ce produit étranger ?
Une banane ? une patate ?
Le fruit d'un nouvel oranger ?
Hélas ! non, c'est une cantate !

O cantate ! je te maudis !
Grâce à toi parmi les illustres
Pour un jour je m'épanouis !
Mais grâce à toi depuis dix lustres,

Je suis à l'état de printemps !
Je promets, je poinds, je commence !
Je suis l'aurore et l'espérance
Une aurore de soixante ans !

Oyez les tristes contre-temps
Du sexagénaire jeune homme !
Toujours à l'état de printemps
Qu'on appelle le prix de Rome !

RAYMOND.

Eh bien ! qu'est-ce que vous en dites ?

LE COMTE, à Paul.

Je dis que vous pouvez être tranquille, vous porterez plus d'un fruit.

MARGARITA.

Oui, mais pour plus de sûreté il a imaginé..

LE DOMESTIQUE, reparaissant.

Le voiturier de ces messieurs dit...

LE COMTE, avec impatience.

Qu'il attende ! (A Margarita.) Alors il a imaginé ?

MARGARITA.

Il a imaginé de se composer un poëme à lui-même ! Un poëme qu'il a tiré du théâtre de Clara Gazul.

LE COMTE.

L'auteur est un de nos meilleurs amis ! Il va venir ici ce soir !

PAUL.

Il va venir !

LA COMTESSE.

Quelle pièce avez vous choisie ?

PAUL.

L'*Amour africain !*

LA COMTESSE.

Le bédouin Zein ! le maure Nouman, la tendre Mojana ! C'est un chef-d'œuvre !

LE COMTE.

Avez-vous gardé le dénoûment ?

PAUL.

Certainement !

LA COMTESSE.

Il étonnera un peu le public parisien. Votre poëme est-il avancé ?...

PAUL.

Avancé !... madame la comtesse... achevé ! paroles et musique !

RAYMOND.

Plus qu'achevé... copié !...

MARGARITA.

Plus que copié !... appris !

PAUL.

Plus qu'appris !... chanté et joué... en costumes !...

LA COMTESSE.

En costumes !...

RAYMOND.
C'est moi qui les ai dessinés !
MARGARITA.
Et moi qui les ai cousus !
LE COMTE.
Qui a chanté les rôles ?
PAUL.
Nous trois ! Madame Margarita a une voix charmante de soprano.
LE COMTE.
Nous nous en sommes bien aperçus.
PAUL.
Je vous ai déjà présenté Raymond comme un baryton émérite...
LE COMTE.
Et vous, vous êtes ?...
PAUL.
Moi !... je suis tout !... ténor !... soprano !... basse profonde !...
LA COMTESSE.
Quelle voix avez-vous donc ?
PAUL.
Je n'en ai pas !... voix de compositeur ! propre à tout, parce qu'elle n'est bonne à rien !
LE DOMESTIQUE, rentrant.
Le voiturier de ces messieurs dit...
LE COMTE.
Ah ! que diable !...

Le domestique sort.

MARGARITA.
Allons !... Il faut vous quitter !!
LE COMTE, revenant entre les deux jeunes gens et leur prenant affectueusement les mains.
Comme c'est dur ! nous nous entendions si bien !... et penser que nous ne nous reverrons peut-être jamais !...
MARGARITA.
C'est ce que nous appelions à Rome, les amis d'un jour.

Chers amis d'un jour !
Vision charmante !
Qui séduit, enchante,
Et finit sans retour !

On est sous le charme,
On se tend la main !
On verse une larme !
On a le cœur plein !

Au revoir, j'espère...
Regrets superflus !
On part... et sur terre
On ne se voit plus !

RAYMOND.

Oh ! c'est trop triste, Adieu ! adieu !

Ils se préparent à partir.

LE COMTE, *l'arrêtant.*

Pourquoi ne venez-vous pas au moins un moment dans le salon ? Vous verriez votre poëte ! vous lui parleriez !... Vous lui montreriez votre poëme...

MARGARITA.

Dans cette toilette !... ah ! c'est impossible !...

LA COMTESSE.

Je dois convenir que madame a raison !...

LE COMTE, *vivement.*

Une idée !... (Avec enthousiasme.) une idée admirable !... qui concilie tout !...

TOUS.

Laquelle ?

LE COMTE.

Où sont vos costumes ?...

PAUL.

Comment ! quels costumes ?

LE COMTE.

Vos costumes de l'*Amour africain!* Vous ne les avez pas laissés à Rome !...

MARGARITA.

Ils sont dans une de nos caisses, dans notre voiture !...

ACTE PREMIER

LE COMTE, au domestique.

Jean! (A Jean qui paraît). Jean, portez les caisses de ces messieurs dans les deux chambres bleues! et dites au voiturier de dételer; ces messieurs coucheront ici!

RAYMOND et PAUL.

C'était écrit!

PAUL et MARGARITA.

Que voulez-vous donc?

LE COMTE.

Ce que je veux?... (Montrant à droite.) J'ai là une salle de spectacle admirable.

TOUS.

Eh bien?

LE COMTE.

J'y fais placer tout mon monde! Et vous y jouez l'*Amour africain!*

TOUS TROIS, avec un air de surprise.

Hein?

LA COMTESSE éperdue.

Mais, mon ami...

LE COMTE.

Ma femme!... il ne s'agit pas de buffet!... cela ne vous regarde pas!...

RAYMOND.

Mais vous n'y pensez pas!

LE COMTE, allant à Raymond.

Quoi? qu'est-ce qui nous arrêterait?... Le décor?... je m'en charge!... Un bosquet d'orangers?... vous l'aurez!... une rue sur des jardins? vous l'aurez!... Un kiosque à gauche!

PAUL, de l'autre côté.

Mais, monsieur!... et nous!... nous!... comment voulez-vous que nous...

LE COMTE, à Paul.

Je veux que vous jouiez devant votre poëte! je veux que vous soyez applaudi à outrance! Je veux que vous soyez célèbre avant d'arriver à Paris. Je veux que l'*Amour africain* soit lancé par tous les journaux de Nice, et que quand vous arriverez dans la capitale vous trouviez trois directeurs dans votre antichambre qui se disputent votre pièce!...

RAYMOND.

Il a raison!... il a raison!...

LE COMTE.

Parbleu!... Ah!... me voilà enfin dans mon élément!... Voilà une fête digne de moi !

LA COMTESSE, éperdue.

Ah ! bon Dieu ! bon Dieu !

LE COMTE.

Allons, ma femme ! à votre poste !... à vos rafraîchissements ! à vos invités !... faites-les danser en attendant !... et surtout... motus !

LA COMTESSE.

Mais, mon ami...

LE COMTE.

Moi ! je me charge de ces messieurs !

PAUL, avec résolution.

Eh bien ! soit ! marchons !

RAYMOND et MARGARITA.

Marchons !

LE COMTE, avec un cri de joie.

Enfin !

MARGARITA, s'arrêtant tout à coup.

Ah ! mon Dieu !... c'est impossible !...

TOUS.

Impossible !...

MARGARITA.

Il y a un quatrième rôle !... le rôle de l'Intendant... que quelques mots à dire, mais indispensables !...

PAUL.

Tout est perdu ! (Abattement général.) Tout est perdu !

LE COMTE, se relevant.

N'est-ce que cela !... Le rôle est court !... je le jouerai !...

PAUL, riant.

Ah! ah!

LA COMTESSE.

Mais le costume !...

LE COMTE.

J'en ai déjà une partie... la barbe ! la barbe, c'est la moitié du musulman !... quant au reste... (Montrant Raymond.) avec un artiste comme monsieur et ma robe de chambre en cachemire !... nous en viendrons à bout !...

RAYMOND.

Il a le diable au corps !...

QUINTETTE FINALE.

LA COMTESSE.
Le cœur me bat ! je perds la tête !
O maudite fête !
Comment être prête !
Tout à la fois !
Je vis comme trois !

PAUL.
Le cœur me bat ! je perds la tête !
Musicien, poëte...
De plus interprète !
Tout à la fois
Je suis aux abois !

LE COMTE.
Le cœur me bat ! vive ma tête !
Créateur de fête !
Chanteur, interprète !
Tout à la fois !
Je vis comme trois !

MARGARITA et RAYMOND.
Le cœur me bat, mais j'ai ma tête !
Oui, dans cette fête,
Sa gloire s'apprête !
Tout à la fois !
Mais nous sommes trois !

LE COMTE.

Allons, en scène ! Et vive la musique !

PAUL.

Qui m'aurait dit, quand nos trois fronts
Emergeaient là par un hasard unique,

MARGARITA.

Qu'une heure après nous viendrions
Chanter ici notre opéra-comique?

LE COMTE.

Eh! c'est la vie! En scène, et vive la musique!

REPRISE ENSEMBLE.

Le cœur me bat,
Etc.

ACTE DEUXIÈME

Un kiosque dans les jardins de Nouman, à Cordoue. Au lever du rideau, Nouman prend le sorbet sous un bosquet d'orangers.

SCÈNE PREMIÈRE
NOUMAN, MUSTAPHA.

MUSTAPHA, entrant.

Seigneur, l'esclave que tu as vue hier au Bezestin, et que je viens d'acheter pour toi, sera ici dans quelques instants.

NOUMAN.

La charmante Mojana! ah! je brûle de la revoir!

MUSTAPHA.

J'ai envoyé au-devant d'elle les jeunes esclaves qui doivent la servir.

NOUMAN.

C'est bien, Mustapha! je veux qu'elle soit reçue ici, non comme une simple esclave, mais comme une reine! Par Allah! je ne connais pas de plus charmante fille dans Cordoue!

MUSTAPHA.

Quelle différence entre nos femmes et celles des infidèles! Chez nous, toutes sont soumises. Elles s'efforcent à l'envi de plaire à leur seigneur. Avec deux eunuques on gouverne vingt femmes; mais chez les Espagnols, une femme gouverne vingt hommes.

NOUMAN.

Qui passe sur la route avec la rapidité de l'éclair?

MUSTAPHA.

C'est ton ami Zein, avec son cheval Abjer.

NOUMAN.

Zein! ah! Allah me comble de ses faveurs aujourd'hui!

MUSTAPHA.

Seigneur, on dirait que Zein t'est aussi cher que Mojana !

NOUMAN.

Le prophète aimait Omar autant que Fatime. Pour un vrai musulman un ami est l'égal d'une maîtresse, et Zein est mon ami.

MUSTAPHA.

Un ami bien différent de toi, seigneur. Tu es humain et doux. Zein est farouche et sauvage.

NOUMAN.

Zein est un enfant du désert. Zein est brave et généreux, et je lui dois la vie !

MUSTAPHA.

Tu dois la vie à Zein, seigneur ?

NOUMAN.

Oui ! j'allais en pèlerinage à la Mecque, au milieu du désert ! je tombe sur le sable, frappé par le soleil.

I

Gisant sur la terre brûlante,
J'allais mourir !
Sur ma poitrine haletante
Je sens courir
Une fraîcheur délicieuse ;
Une eau limpide et précieuse
Vient me couvrir !
Et, comme une plante épuisée
Par un flot de pluie arrosée
Relève ses rameaux flétris,
Sous cette abondante rosée
Je renais, je respire, je vis !

II

C'était Zein ! sur son passage
Il me trouvait !
Sur moi, son outre de voyage
Se répandait !
Et dans cette crise suprême,
Au risque de mourir lui-même
Il me sauvait !
Et, comme une plante épuisée
Etc. etc.

ACTE DEUXIÈME

MUSTAPHA.

Le voici !

NOUMAN, à Mustapha.

Va au-devant de Mojana !

Mustapha sort.

SCÈNE II
NOUMAN, ZEIN.

NOUMAN.

Zein ben Huineida, que Dieu soit avec toi !

ZEIN.

Hadji Nouman, que Dieu soit avec toi !

NOUMAN.

Béni soit Abjer qui t'a amené chez Nouman !

ZEIN.

C'est un ami qui m'a amené chez un ami !

NOUMAN, riant.

Tu aimes donc toujours ton cheval Abjer comme une créature humaine ?

ZEIN.

Abjer ! je partagerais avec lui mon dernier morceau de pain.

CHANT DU CHEVAL.

Un tambour et une flûte.

Abjer, Abjer,
Le buveur d'air,
Comme un éclair,
Franchit l'espace !
Il passe, il passe,
Et son vol lasse
Le vol de l'aigle du désert !
— Hurrah ! Abjer !
Le buveur d'air !
C'est un éclair.
Du plus pur lait de mes chamelles,
O mon Abjer, je t'ai nourri ;
C'est auprès de toi qu'ont grandi
Mes deux jeunes sœurs jumelles !

Sous leur main pliant les genoux
Comme un oiseau ferme ses ailes,
Tu jouais, bondissant et doux,
Comme un jeune frère auprès d'elles.
  Mais quand le fusil
  Fait parler la poudre,
  Au sein du péril,
  Prompt comme la foudre
  Abjer a bondi,
  Il mêle son cri
Au cri des hommes qu'on égorge,
Il attaque mon ennemi
Et mord son cheval à la gorge !
  Abjer ! Abjer !
  Le buveur d'air,
  Comme un éclair
  Franchit l'espace,
  Il passe, il passe,
  Et son vol lasse
Le vol de l'aigle du désert.
  Hurrah ! Abjer,
  Le buveur d'air !

NOUMAN.

Allons ! assieds-toi près de moi, et rafraîchis-toi en prenant ce sorbet.

ZEIN.

Non ! je dois repartir tout de suite ! Nouman, peux-tu me donner cinq mille dinars ?

NOUMAN.

Oui, puisque je les ai ! Pourquoi en as-tu besoin ?

ZEIN.

J'ai trafiqué.

NOUMAN, riant.

Toi ! trafiquer !

ZEIN.

Oui. En passant dans le Bezestin, j'ai vu ce vieux coquin d'Abou-Taher qui faisait crier des esclaves à vendre... une d'entre elles m'a blessé au cœur...

NOUMAN, riant.

Ah ! je comprends !

ZEIN.

L'amour d'un Arabe est brûlant comme le simoun! je dis au juif : combien ton esclave? neuf mille dinars. J'ai couru à Sémélalia, j'ai vendu tout ce que je possédais, excepté mes armes et Abjer, mais... je n'ai pu faire que quatre mille dinars. Je compte sur toi pour le reste.

DUETTO.

NOUMAN.

Il est pris
Le fils du désert ! Deux yeux de houris,
Un doux souris,
Le voilà pris !

ZEIN.

La neige nouvelle qui tombe,
Ton léger duvet, ô colombe,
Le printemps au front rose et frais
Sont moins doux que ses jeunes traits.
Son regard est un clair miroir,
Elle est belle comme l'espoir !

NOUMAN.

Il est pris
Le fils du désert,
Etc., etc.

ZEIN.

Je voudrais être le doux rêve
Qui berce son premier sommeil,
Etre l'aurore qui se lève
Et vient baiser son front vermeil.
Son regard est un clair miroir ;
Elle est belle comme l'espoir !

ENSEMBLE.

NOUMAN.

Il est pris
Le fils du désert ! Deux yeux de houris,
Un doux souris,
Le voilà pris !

NOUMAN, parlant.

Que je reconnais bien là mon Bédouin, qui agit avant de penser ! Malheureux, tu vas acheter une esclave et il

ne te reste plus de quoi vivre! comment feras-tu pour l'entretenir, elle et Abjer?
ZEIN.
N'ai-je pas un ami?
NOUMAN.
Oui! et qui pensera pour toi.

SCÈNE III

Les Mêmes, MUSTAPHA.

Quelques esclaves portant une litière fermée, où est Mojana. — Marche d'esclaves qui vont pour entrer dans le palais de Nouman.

MUSTAPHA, à Nouman.
C'est elle?
ZEIN, à Nouman.
Que renferme cette litière?
NOUMAN.
Une jeune esclave que j'ai vue au Bézestin et que Mustapha vient d'aller acheter pour moi.
ZEIN.
Ah! elle ne sera jamais aussi belle que celle que j'ai vue ce matin, et qui, grâce à toi, va être à moi!
NOUMAN.
La mienne est la plus charmante fille du monde.
ZEIN.
Elle n'est rien auprès de la mienne!
NOUMAN.
Nous les comparerons.
ZEIN.
Jamais personne ne verra celle que j'aime! je serais jaloux des yeux qui l'admireraient.
NOUMAN, riant.
Ah! farouche Zein!

Pendant ce petit dialogue, les esclaves sont entrés dans la maison; la marche se continue et s'éteint doucement.

NOUMAN, à Mustapha lui donnant une clé.
Mustapha, va prendre cinq mille dinars dans mon trésor et rapporte-les à Zein.

ACTE DEUXIÈME

MUSTAPHA.

Entendre, c'est obéir !

Mustapha entre dans la maison, la musique de la marche cesse.

SCÈNE IV

ZEIN, NOUMAN.

ZEIN.

Tu me combles de biens !

NOUMAN.

Je serai longtemps en reste avec toi, et si tu me dois quelque chose, tu t'acquitteras en étant toujours mon hôte.

ZEIN.

Zein n'est pas fait pour habiter les villes ; j'emmène mon esclave au désert.

SCÈNE V

Les Mêmes, MUSTAPHA.

MUSTAPHA.

Seigneur, j'ai fait charger les cinq mille dinars sur un âne ! Ils sont devant la maison.

ZEIN, à Nouman.

Merci ! Je cours chez le vieil Abou-Taher, et je reviens dire adieu à mon ami.

Il sort.

SCÈNE VI

NOUMAN, MUSTAPHA.

NOUMAN.

Le pauvre Zein ! son nouvel amour lui fait perdre la tête ! malheur à qui enchérirait sur l'esclave ! Zein a vendu les pierreries de son khandjar, mais il lui reste encore la lame ! (A Mustapha.) Ma chère Mojana a-t-elle été contente des présents que tu lui as faits de ma part ?

MUSTAPHA.

Elle a dit qu'elle se réjouissait de tant de belles choses si elle paraissait plus belle à tes yeux ! La voici.

SCÈNE VII
MOJANA, NOUMAN.

NOUMAN.

Viens, Mojana, viens; assieds-toi près de moi sur ce sopha. Tu n'es donc pas malheureuse d'être mon esclave ?

MOJANA.

J'ai désiré être ton esclave. Oui ! hier, quand ce juif Abou-Taher m'a exposée au Bézestin, j'étais tremblante! tous les seigneurs qui venaient pour nous acheter me faisaient peur; ils avaient tous l'air méchant et dur. Mais quand tu es entré, j'ai prié Allah que je pusse te plaire !

NOUMAN.

Mais, dis-moi. Comment es-tu tombée aux mains du juif Abou-Taher ?... Qui t'a vendue à lui ?

RÉCITATIF.

MOJANA.

Moi ! c'est moi qui me suis vendue !

NOUMAN.

Toi ! Comment !

MOJANA.

Sur mon père et mes trois jeunes sœurs
La misère était descendue !
Un jour que j'étais tout en pleurs,
Un vieux marchand d'esclaves passe,
Et me trouvant belle, à voix basse
Me propose de m'acheter.

NOUMAN.

Tu consentis !

MOJANA.

Sans hésiter !
Dans la tente où dormait mon père

Quand vient la nuit,
J'entre sans bruit,...
Je place auprès de sa tête si chère
De ma beauté le triste prix !
Mais il s'éveille, il a compris !
A ses sanglots mes sœurs accourent
Tous quatre, ils m'entourent,
Dans mon désespoir, je leur dis :

DUO.

Laissez-moi partir, ô mon père...
Laissez-moi partir !
Je vous arrache à la misère,
Pour vous, pour vous je veux souffrir !
Oui ! je me sens toute joyeuse
De me rendre aussi malheureuse
Pour vous éviter de souffrir !..
Laissez-moi partir, ô mon père !
O mes sœurs, laissez-moi partir !

NOUMAN.

Sèche tes pleurs !
Tes jeunes sœurs,
Et ton vieux père,
Auprès de toi,
Grâces à moi,
Viendront, j'espère,
Unir en cet heureux séjour,
Tous les objets de ton amour !

MOJANA.

Dis-tu vrai ? ravissant langage !
Quel cœur est le tien !
Ah ! béni soit l'esclavage,
Sous un maître comme le mien.

NOUMAN et MOJANA.

ENSEMBLE.

Divin transport ! jour radieux !
O joie ! ô volupté de vivre !
Le doux parfum de tes cheveux,
De trouble et de langueur m'enivre !
Sous ton regard je sens courir,
Un frisson d'amour dans ma veine,
Entre tes bras, sous ton haleine,
De bonheur je me sens mourir !

SCÈNE VIII

Les Mêmes, ZEIN.

ZEIN, en dehors.

Esclave, retire-toi!

NOUMAN.

Qui ose pénétrer ici? Mojana, mets ton voile. (Entre Zein. Mojana baisse son voile. — Apercevant Zein.) Zein! Zein! pâle et tremblant!.. qu'as-tu, frère... qu'as-tu?

ZEIN, d'une voix tremblante.

Nouman! quand je t'ai sauvé la vie... quand je t'ai donné l'hospitalité sous ma tente de feutre... que m'as-tu dit?

NOUMAN.

Que ma reconnaissance serait éternelle!

ZEIN.

Tu as dit autre chose.

NOUMAN.

Que je suppliais Allah de m'offrir une occasion de te rendre un service égal.

ZEIN.

Tu as dit autre chose.

NOUMAN.

Qu'ai-je donc dit?

ZEIN.

Tu as dit... tu as juré par Caaba la prohibée... par les tombeaux des prophètes, de m'accorder la première chose que je te demanderais!

NOUMAN.

Eh bien?

ZEIN.

Eh bien, je te demande cette femme!

NOUMAN, avec un cri de douleur.

Te donner Mojana!

ZEIN.

C'est elle que j'ai vue chez Abou-Taber! Je ne puis vivre sans elle!

NOUMAN, avec désespoir.

Te donner Mojana ! jamais !

TRIO

ZEIN.

Tu m'as juré par le prophète,
Par tous les feux du firmament
De m'accorder ma première requête.
Tiens ton serment !

NOUMAN.

Je ne t'ai pas fait la promesse
D'arracher mon cœur tout vivant !
Grâce ! laisse-moi ma maîtresse !
Rends-moi mon serment !

ZEIN.

Tiens ton serment !

NOUMAN.

Prends tout mon or !

ZEIN.

Je le méprise !
Cette femme est mon seul trésor !

NOUMAN.

J'en ai l'âme follement éprise !

ZEIN.

Je l'aime cent fois plus encor !

NOUMAN.

Vois ! Les pleurs couvrent mon visage !
Vois mon désespoir !

ZEIN.

Vois ma rage !

NOUMAN.

Pour elle, ô Zein, je mourrais !

ZEIN.

Moi, pour elle, je te tuerais.

ENSEMBLE.

Tu m'as juré par le prophète,
Par tous les feux du firmament

De m'accorder ma première requête.
Tiens ton serment !

NOUMAN.

Je ne t'ai pas fait la promesse
D'arracher mon cœur tout vivant !
Grâce ! laisse-moi ma maîtresse !
O Zein, rends-moi mon serment !

ZEIN, avec force.

Tiens ton serment ! tiens ton serment !

NOUMAN.

Soit donc, je resterai fidèle
A ma foi, puisque tu le veux ;
Mais je ne puis disposer d'elle
Contre ses vœux !

A Mojana.

O Mojana ! choisis entre nous deux.

MOJANA, se jetant à ses pieds avec une grande tendresse.

O mon maître ! c'est toi que j'aime !
Plutôt la mort même
Que de suivre un autre que toi !
Maître, garde-moi !
Maître, défends-moi !
Défends la servante qui t'aime
De cet amant plein de fureur !
Il me fait peur ! c'est toi que j'aime !

RÉCITATIF.

NOUMAN.

Tu l'entends, veux-tu me la prendre
Malgré ses pleurs et malgré moi !

ZEIN, plus calme.

Non, frère, elle a raison !... Tous les deux... elle et toi,
Vous êtes faits pour vous entendre,
Et moi je suis né pour souffrir !
Ah ! dis-lui seulement d'ôter, je t'en conjure,
Ce voile épais qui cache sa figure !
Que je la voie encor avant que de partir !

NOUMAN, à Mojana.

Zein est mon ami, satisfais son désir.

Mojana ôte son voile et détourne les yeux.

ACTE DEUXIÈME

ZEIN, la regardant avec passion.

Ne les détourne pas encore !
Bien assez tôt je te perdrai,
Et pour toujours, front adoré !
Un regard ! un regard encore,
Sur mon amour désespéré !
Avant que ce trop cher visage,
Soit à jamais perdu pour moi !
Car je vais partir... Loin de toi...
Le sort m'entraîne, et ton image...
Non ! non ! c'est impossible ! non !
Que le sabre entre nous décide !

NOUMAN.

O Zeïn, tu perds la raison !

ZEIN, avec fureur.

Traître ! lâche ! infâme ! perfide !

NOUMAN, à Mojana.

Retire-toi, Mojana !

ZEIN, se mettant devant la porte.

Non !

ENSEMBLE.

ZEIN.

La femme est à moi !
Allons, défends-toi !
Assez de discours inutile,
Qu'importe qu'elle m'aime ou non,
J'ai dompté plus d'un étalon,
Je saurai bien avoir raison
De cette cavale indocile.

NOUMAN.

La femme est à moi !
Ah ! malheur à toi,
Si tu portes la main sur elle.
C'est Nouman qu'elle a préféré,
Va-t'en ! contre toi, je saurai,
O tigre de sang altéré,
Défendre la faible gazelle.

MOJANA.

Allah ! je t'implore !
A ce que j'abhorre,

Ne me livre pas !
A ce que j'adore,
Ne m'arrache pas !
Seigneur ! je t'implore !
Plutôt le trépas !

ZEIN, fondant sur Nouman.

C'en est trop ! défends-toi ou je te tue !

MOJANA, s'élançant entre eux.

C'est moi que tu tueras !

Elle tombe frappée par le coup de Zein.

ZEIN.

Frappée par moi !

MOJANA, tombant dans les bras de Nouman.

Pour toi !

NOUMAN, voyant tomber Mojana.

Grand Dieu !

ZEIN, se penchant sur son corps.

Morte !

NOUMAN.

Ah ! misérable ! je la vengerai !

Il va pour se précipiter sur Zein.

MUSTAPHA, entrant.

Seigneur, le souper est servi !

NOUMAN.

Le souper est servi !

MOJANA.

Le souper est servi !

ZEIN.

Le souper est servi.

NOUMAN.

Alors, c'est différent.

Mojana se relève, Zein lui offre une main, Nouman l'autre et tous trois s'approchant du public.

MOJANA.

Messieurs, c'est ainsi que finit l'amour africain !

ZEIN.

Mon amour vous a peut-être paru un peu farouche ; mais songez que je suis un bédouin !

ACTE DEUXIÈME

NOUMAN.

Et veuillez excuser les fautes de l'auteur !

Ils saluent comme pour se retirer.

L'orchestre joue une polonaise ; la scène se remplit de spectateurs. Le comte va offrir la main aux dames qui arrivent et les conduit aux trois artistes ; les paysans qui dansaient dans les jardins, se joignent aux esclaves maures, et tous ensemble entonnent le chœur :

Honneur, honneur aux prix de Rome,
A toi... l'espoir, heureux jeune homme,
A toi la gloire, à toi l'amour !
Vive l'aurore et l'espérance !
Tout ce qui promet et commence,
Un beau talent comme un beau jour !
Vive la jeunesse et l'amour !

FIN

CHATILLON-SUR-SEINE. — IMPRIMERIE E. CORNILLAC

www.ingramcontent.com/pod-product-compliance
Lightning Source LLC
Chambersburg PA
CBHW070713050426
42451CB00008B/621